BEI GRIN MACHT SICH IHR WISSEN BEZAHLT

Das wissenschaftliche Interview. Qualitativer Interviewleitfaden, Verzerrungen, Fehlerquellen und qualitative Inhaltsanalyse

Sascha Heller

Bibliografische Information der Deutschen Nationalbibliothek:

Die Deutsche Nationalbibliothek verzeichnet diese Publikation in der Deutschen Nationalbibliografie; detaillierte bibliografische Daten sind im Internet über http://dnb.d-nb.de abrufbar.

ISBN: 9783346270443
Dieses Buch ist auch als E-Book erhältlich.

Das Buch bei GRIN: https://www.grin.com/document/940679

Einsendeaufgabe

Von

Sascha Heller

Inhaltsverzeichnis

Abbildungsverzeichnis

1 Qualitativer Interviewleitfaden

Zunächst soll innerhalb der Teilaufgabe B1 ein vollständiger qualitativer Interviewleitfaden konziepiert werden. Daraufhin folgt eine Operationalisierung des Konstruktes der Unternehmensreputation. Mithilfe des erstellten Interviewleitfadens wird ein Mitarbeiter eines Unternehmens die wichtigsten Stakeholder befragen können. Das Beispiel bezieht sich auf die Biova GmbH in Wildberg.

1.1 Konzeption eines qualitativen Interviewleitfadens

Die qualitative Forschung generiert durch tiefe und differenzierte Analysen neues Wissen über soziale Phänomene. Hierbei geht man meist induktiv vor und erstellt dabei neue Hypothesen oder Theorien. Dabei werden subjektive Wahrheiten, Lebenswelten, individuelle Sichtweisen, Meinungen und Motive näher analysiert. Die Repräsentativität wird hierbei im inhaltlichen Sinne realisiert. Diese Art der Forschung wird meist offen gestaltet und bedient sich aufgrund des Arbeitsaufwandes vorzugsweise kleinerer Stichproben.[1] Interviews werden in Bezug ihres Strukturierungsgrades anhand der Standardisierung aufgeführt. Zu den quantitativen Methoden gehört jedoch nur das standardisierte Interview. Das halbstandardisierte und das freie Interview zählen sich zu der qualitativen Forschung. Das halbstandartisierte Interview wird weiter unten näher erläutert.[2]

Ein **standardisiertes Interview** wird vor allem für Analysen bekannter Dimensionen auf rein rationaler Ebene verwendet. Hierbei gibt es eine feststehende Anzahl an vorgefertigten Fragen, die immer in derselben Reihenfolge gestellt werden müssen. Die Antwortmöglichkeiten sind dabei für den homogenen Kreis der Befragten meist festgelegt. Vorteilhaft sind hierbei die leichte Auswertbarkeit, Vergleichbarkeit, sowie der mögliche Einsatz mehrerer Interviewer. Diese müssen jedoch aufwendig vorbereitet werden und sind sehr starr in der Durchführung.[3]

---

[1] Vgl. Misoch, S. (2015), Qualitative Interviews, S. 2 f.
[2] Vgl. Lehmann, G. (2004), Das Interview, S. 9.
[3] Vgl. ebenda.

Im halbstrukturierten Interview hingegen werden meist Fakten, Meinungen und Einstellungen erfragt. Hierbei sind die Dimensionen weitgehend bekannt. Der Kern der Fragen steht dabei auch in der Reihenfolge meist fest. Es gibt jedoch einen Freibereich der vom Interviewer flexibel eingesetzt werden kann. Die Befragten werden auch hierbei meist aus einer homogenen Maße ausgewählt. Das halbstrukturierte Interview hat den Vorteil eines geringen Erhebungsaufwandes und vergleichbaren Antworten. Außerdem kann der Interviewer flexibel auf das Gespräch reagieren. Dafür benötigt er jedoch eine vergleichsweise hohe Fachkompetenz, was wiederrum als Nachteil gesehen werden kann.[4]

Das freie Interview wird eingesetzt, um Eindrücke oder Überblicke über ein Thema zu gewinnen. Es geht also darum unbekannte Dimensionen zu finden und neue Aspekte zu generieren. Es verfügt über einen Leitfaden, ist jedoch in seinen Fragen weitgehend offen. Befragt wird meist eine heterogene Maße, die dem Interviewer rasch einen Überblick über den Untersuchungsgegenstand verschafft. Hierbei benötigt es jedoch einen hoch qualifizierten Interviewer, was mit erheblichem Aufwand und Kosten verbunden ist. Außerdem lässt sich ein Freies Interview sehr schwer auswerten.[5]

Im Folgenden soll die Unternehmensreputation für die Firma Biova GmbH durch ein halbstandardisiertes Interview gemessen werden. Von größter Bedeutung ist es, dass alle relevanten Dimensionen erfasst und analysiert werden. Hierfür muss man vorab ein Interviewleitfaden konzipiert und erstellen. Dieser Interviewleitfaden muss durch eine strukturierte Herangehensweise konzipiert werden.[6] Bei der Konzipierung eines Interviewleitfadens muss zunächst eine tiefe und breite Literaturrecherche erfolgen, damit gewährleistet wird, dass das ganze Thema erfasst wurde. Diese Daten werden im Folgenden detailliert erhoben und aufbereitet. Die Definition des Themas und ihre Dimensionen sind für die Qualität der Arbeit von höchster Wichtigkeit.[7]

---

[4] Vgl. ebenda.
[5] Vgl. ebenda.
[6] Vgl. Lehmann, G. (2004), Das Interview, S. 9.
[7] Vgl. Döring, N.; Bortz, J. (2016), Forschungsmethoden und Evaluation in den Sozial- und Humanwissenschaften, S. 154.

1.2 Die Unternehmensreputation (Definitionsannäherung)

Um nun den Begriff der Unternehmensreputation zu definieren, soll zunächst der Begriff der Reputation erläutert werden. Reputation bedeutet im französischen so viel wie Ruf oder Ansehen. Im Lateinischen stammt der Begriff von „reputatio" ab, was so viel bedeutet wie Erwägung oder Berechnung.[8] Die Unternehmensreputation ist der gute Ruf des Unternehmens. Dieser wird durch gezieltes Management für alle Stakeholder positiv aufgeladen. Hierzu gehören sowohl objektive als auch subjektive Eindrücke über das Unternehmen. Durch den subjektiven Aspekt lässt sich erahnen, dass das Individuum sowohl wahrgenommene Eindrücke als auch Emotionen in seine Bewertung mit einfließen lässt. Die Reputation wirkt sich nicht nur positiv auf alle Märkte aus, sondern steigert auch den Unternehmenswert.[9]

1.3 Operationalisierung des Konstruktes der Unternehmensreputation

Um einen Interviewleitfaden zu erstellen, ist es erforderlich das Kontrukt der „Unternehmensreputation" zu operationalisieren. Dazu gibt es einiges an Literatur, jedoch soll sich diese Einsendeaufgabe auf das Reputationsmodell von Eisenegger konzentrieren. Dieser beschreibt das Konstrukt anhand von drei Dimensionen die funktional, sozial und expressiv sind.[10]

Funktionale Reputation

Die funktionale Reputation ist abhängig von sachlogisch überprüfbaren Ursache-Wirkung-Zusammenhänge. Man spricht hierbei auch von Zweckrationalität. Dabei werden die Leistungsziele anhand von Funktionssystemen aus Politik, Wirtschaft oder Wissenschaft abgeleitet. Die funktionale Reputation ist ein Indikator für teilsystem-spezifische Erfolge und Kompetenzen. Kann man solche Erfolge verbuchen, wie z. B. ein Geschäftsführer, der die Gewinnzahlen steigert, wird ihm eine positive funktionale Reputation zugeschrieben. Solche Kennzahlen werden anhand von Wahr-/Falsch Aussagen zugänglich gemacht. In der wahren Welt gibt es Akteure, die diese Aussagen

---

[8] Vgl. Duden, Reputation
[9] Vgl. SpiessConsult, Reputationsmanagment,
[10] Vgl. Eisenegger, M. (2015), Identität, Image und Reputation – Eine kommunikationssoziologische Begriffsarchitektur, S. 245.

bestätigen oder verwerfen. Diese Akteure können Experten, Wissenschaftler, Analytiker usw. sein.[11]

Soziale Reputation

Die soziale Reputation beschreibt, inwieweit sich ein Reputationsträger an soziale Normen und Werte messen kann. Es handelt sich hierbei nicht um eine objektive, sondern um eine Bewertung der Legitimität und Integrität. Die soziale Reputation ist so lange in Takt, solange der Reputationsträger nicht mit den gesellschaftlichen Normen und Werten in Konflikt gerät. Sollte dies geschehen, wird der Ruf nachhaltig geschädigt und kann nur durch radikale Maßnahmen wiederhergestellt werden. Bewertet wird die soziale Reputation von einer Vielzahl an Akteuren wie z. B. religiöse Gruppierungen, Politiker oder auch Journalisten. Sie urteilen darüber ob der Reputationsträger als guter oder schlechter Bürger gewertet wird.[12]

Expressive Reputation

Im Zentrum der expressiven Reputation steht die Frage welche emotionale Attraktivität und Authentizität vom Wesen des Akteurs ausgeht. Dabei äußert der Reputationsträger Absichten und positive Affekte bei Dritten, um besonders attraktiv zu erscheinen. Die Außenwelt bewertet wiederrum, ob dieser eine emotionale Anziehungskraft innehat. Dabei manifestiert sich die expressive Reputation durch die positive oder negative affektuelle Einstellung des Reputationsträgers. Indikatoren für eine positive oder negative Einstellung sind Faszination, Attraktivität, Sympathie, Authentizität und Einzigartigkeit. Die emotionale Attraktivität kann in der Wahrnehmung funktional oder sozial beeinflusst werden. Der Reputationsträger wird jedoch auch in der subjektiven Welt daraufhin geprüft, ob seine subjektive Innenwelt authentisch ist oder rein inszeniert wirkt.[13]

---

[11] Vgl. Eisenegger, M. (2015), Identität, Image und Reputation – Eine kommunikationssoziologische Begriffsarchitektur, S. 246.
[12] Vgl. ebenda, S. 247.
[13] Vgl. Eisenegger, M. (2015), Identität, Image und Reputation – Eine kommunikationssoziologische Begriffsarchitektur, S. 248.

1.4 Konzeption des Interviewleidfadens

Ein Leitfaden ist für ein halbstrukturiertes Interview von enormer Wichtigkeit. Er hilft im Vorfeld dem Forschenden sein Wissen zu organisieren und mit Teamkollegen zu diskutieren. Im Interview wird meist auf den Leitfaden zurückgegriffen, wenn es zu einer Stockung kommt oder der „Faden" verloren wurde. Am Ende jedes Interviews kann der Leitfaden als Checkliste dienen. Somit lässt sich sicherstellen, dass auch nichts vergessen und alles angemessen angesprochen wurde. Somit gibt der Leitfaden einen Rahmen für das Interview vor und dient der besseren Vergleichbarkeit der Daten. Bei der Erstellung eines Leitfadens sind acht bis fünfzehn Seiten angemessen. Enthalten sind hierbei offene Einstiegsfragen, konkrete Nachfragen, sowie Steuerungs- und Aufrechterhaltungsfragen. Es ist auch möglich einen Kurzfragebogen einzuführen, welcher vor oder nach dem Interview eingesetzt werden kann. Dadurch werden Rahmendaten und Faktenfragen aus dem Gespräch ausgelagert. Auch wenn der organisierte Leitfaden meist in Stichworten erstellt wird, sollte man die Fragen vor dem Interview einmal ausformulieren, um ein Gespür für die Formulierung zu erhalten. Die Anordnung des Fragenkatalogs übernimmt der Interviewer. Außerdem soll an dieser Stelle erwähnt werden, dass der Leitfaden mit zunehmenden Erkenntnisgewinn verändert werden kann und auch sollte.[14]

Im vorherigen Kapitel wurden die Dimensionen und die Indikatoren identifiziert. Sie sind notwendig, um den Interviewleitfaden zu konstruieren. Durch die oben genannten Fragetypen und ihre strukturierte Anordnung soll sichergestellt werden, dass alle relevante Themen in einem angemessenen Maß angesprochen wurden. Um nun die Fragen für das Interview zu erstellen gibt es einige Regeln die zu beachten sind. Diese werden im Folgenden näher erläutert.

1. Fragen sollten der Zielgruppe angemessen, einfach und direkt sein.
2. Faktenfragen wie nach Alter oder Beruf sollten immer vor oder nach dem Interview gestellt werden.
3. Durch offene Fragen, welche sich auf das Erleben und Verhalten beziehen, wird der Gesprächspartner zum Beschreiben und Erzählen angeregt. Hierfür können auch Vertiefungsfragen gestellt werden.

---

[14] Vgl. Mey, G.; Mruck, K. (2020), Handbuch Qualitative Forschung in der Psychologie, S. 327 f.

4. Warum-Fragen und Suggestivfragen sollten möglichst vermieden werden, da diese den Befragten schnell in die Enge treiben.

5. Geschlossene Fragen sollten meist nur bei Bedarf für eine Filterführung genutzt werden.[15]

1.5 Vorbereitung, Aufbau und Durchführung eines Interviews

Bei einem qualitativen Interview ist der Ablauf flexibel, um spontan neue Fragen zu ermöglichen. Durch die Möglichkeit der individuellen Vertiefung der Fragen wird es häufig auch als Tiefeninterview bezeichnet. Im Folgenden werden nun die einzelnen Schritte der Vorbereitung erläutert.

Im ersten Schritt der Vorbereitung geht es um den Inhalt. Hierbei wird das Thema, die Forschungsfragen, Befragungspersonen, Interview sowie Befragungstechnicken festgelegt.

Im zweiten Schritt geht es um die organisatorische Vorbereitung, wobei alle Interviewer, durch Rollenspiele, geschult werden müssen. Hierbei wird auch der erste Kontakt zu den Befragten hergestellt. Diese werden anhand von einem begründeten Stichprobenplan rekrutiert. Dabei sollte darauf geachtet werden, dass manche Teilnehmer absagen könnten, weswegen man großzügig Planen sollte. Auch das Zusammenstellen des Interviewmaterials gehört zum zweiten Schritt. Dies inkludiert sowohl den Audiorekorder und die Speichermedien als auch Visitenkarten und Prospekte zum Forschungsprojekt.

Im dritten Schritt beginnt schließlich das Gespräch. Hierbei sollte man zunächst etwas Smalltalk halten, um eine entspannte Atmosphäre herzustellen. Dabei ist auf eine angenehme Nähe-Distanz-Regulation zu achten. Da bei einem qualitativen Interview eine Tonaufzeichnung nicht verzichtbar ist, sollten die Akzeptanzprobleme diesbezüglich vorab abgebaut werden. Eine schriftliche Vereinbarung über den Datenschutz ist im Sinne der Forschungsethik selbstverpflichtend. Vor Beginn des Gesprächs sollte dann noch die Funktionsfähigkeit des Aufnahmegerätes geprüft werden.

---

[15] Vgl. Döring, N.; Bortz, J. (2016), Forschungsmethoden und Evaluation in den Sozial- und Humanwissenschaften, S. 403.

Im vierten Schritt besteht die Hauptaufgabe des Interviewers der Steuerung des Gesprächablaufes und der Analyse des nonverbalen Verhaltens. Schwierig hierbei ist es das Gespräch zu lenken, den Befragten jedoch nicht in eine Ecke zu drängen. Deshalb sind heikle Fragen auf das Ende des Gesprächs zu legen.

Der fünfte Schritt ist das Gesprächsende. Das Gespräch schließt durch eine informelle Phase. Jedoch kommt es häufig vor, dass gerade dann noch wichtige Informationen nachgeliefert werden. Diese gilt es zu notieren.

Das Gespräch endet dann vollkommen in der **Verabschiedungsphase.** Es ist dabei angebracht sich bei seinem Interviewpartner zu bedanken und eine Visitenkarte oder Informationsmaterial zu überreichen. Auf Wunsch kann auch eine kurze Ergebnismitteilung angekündigt werden.[16]

1.6 Auswahl der Stakeholder

Viele Institutionen, Gruppen oder Personen haben Einfluss und Erwartungen auf ein Unternehmen. Diese Gruppen werden auch als Anspruchsgruppen oder Stakeholder bezeichnet. Sie versuchen das Unternehmen zu beeinflussen, um ihre eigenen Interessen durchzusetzen. Dadurch, das auch sie das Unternehmen beeinflussen können, besteht eine wechselseitige Abhänigkeit. Mögliche Stakeholder sind Kunden, Mitarbeiter, Lieferanten, die Öffentlichkeit, Gesetzgeber, Eigentümer usw..[17]

Die Firma Biova ist ein Handelsunternehmen, welches auf exotische, naturbelassene und hochwertige Gewürze spezialisiert ist. Das Unternehmen wurde im Jahre 2003 gegründet und beschäftigt 18 Mitarbeiter. Das Unternehmen verfügt über 4.500 aktive Kunden und wurde im Jahre 2019 als Wachstumschampion durch den Focus ausgezeichnet. Zu ihren wichtigsten Stakeholdern gehören die Lieferanten, die Mitarbeiter und die Kunden. Andere Stakeholder werden in dieser Arbeit nicht weiter erwähnt.[18]

---

[16] Vgl. Döring, N.; Bortz, J. (2016), Forschungsmethoden und Evaluation in den Sozial- und Humanwissenschaften, S. 365 ff.
[17] Vgl. Fleig, J., Was sind Stakeholder und was bedeutet der Stakeholder-Ansatz?
[18] Vgl. Deckert, R., Über Uns, https://biova.de/ueber-uns, (12.8.2020).

1.7 Fallauswahl

Innerhalb von qualitativen Studien wird meist nur ein kleiner Kreis von Befragten ausgewählt. Dies liegt daran, dass die Analyse einen hohen Arbeitsaufwand generiert, sodass eine größere Gruppe gar nicht zu bewältigen wäre. Die Gruppe ist daher meist im ein- bis zweistelligen Bereich angelegt. Die Befragten werden daher wohl überlegt ausgesucht. Es werden die genommen, die besonders aussagekräftig für die Forschungsfragen sind. Die Auswahl der Kandidaten kann außerdem durch einen Stichprobenplan erleichtert werden.[19] Da die gewählten Stakeholder unterschiedlichste Interessen verfolgen, ist es notwendig eine repräsentative Auswahl der Stakeholder zu treffen.

In dem vorliegenden Beispiel werden rund 10 Personen (vier Mitarbeiter, vier Kunden und zwei Lieferanten) befragt. Jeder der Mitarbeiter ist in einer anderen Abteilung beschäftigt. Somit wird eine große Bandbreite an Firmenzugehörigkeit und Lebensalter abgedeckt. Die Kunden sind aus verschiedenen Branchensegmenten, um auch hier eine gute Abdeckung zu gewährleisten. Die Lieferanten innerhalb der Befragung haben ein unterschiedlich großes Auftragsvolumen innerhalb des Unternehmens. Einer der Lieferanten beliefert das Unternehmen bereits seit seinen Anfangstagen und der andere ist erst seit kurzer Zeit Geschäftspartner. Durch die genannte Auswahl der Personen sollte eine ausreichende Repräsentativität der Stichproben gewährleistet sein.

2 Verzerrung und Fehlerquellen bei Interviews

In Interviews kommt es häufig zu sogenannte Verzerrungen. Diese können sowohl von dem Interviewer selbst oder von den Befragten verwantwortet werden. Im Folgen soll auf den Begriff Verzerrung, die verschiedenen Arten und auf die Minimierung dieser Störfaktoren eingegangen werden.

---

[19] Vgl. Döring, N.; Bortz, J. (2016), Forschungsmethoden und Evaluation in den Sozial- und Humanwissenschaften, S. 302.

12

2.1 Verzerrungseffekte durch den Interviewer

Im nächsten Teil sollen nun die Fehlerquellen, die durch den Interviewer selbst entstehen, näher erläutert werden. Diese werden grundsätzlich den situationsabhängigen Antwortverhalten zugeordnet. Verschiedenste Merkmale und Verhaltensweisen sowie z. B. Alter, Geschlecht und Bildungsstand können Einfluss auf das Antwortverhalten des Probanden nehmen. Somit sollte ein Interviewer stehts bewusst ausgewählt werden, um die Qualität der erhobenen Daten sicher zu stellen. Ist der Interviewer seinem Gegenüber sympathisch oder unsympathisch kann dies bereits die Ergebnisse verfälschen. Denkbar sind auch extreme Verfälschungen seitens des Interviewers, durch gezielte Manipulation des Probanden oder der Untersuchungsergebnisse. Je nach Fragestellung und Interviewer-Befragten-Konstellation können daher verschiedene Fehlerquellen auftauchen. Es gibt z. B. Erkenntnisse, die zeigen, dass Einstellungsfragen wie z. B. zum Thema Ehe durch das Geschlecht des Interviewers beeinflusst werden können.[20]

2.2 Verzerrungseffekte durch den Befragten

Nun soll auf die möglichen Fehlerquellen hinsichtlich des Probanden eingegangen werden. Häufig legen sich Befragte Strategien zurecht, wie sie die Fragen beantworten möchten. Diese sind abhängig von der Person selbst und führen zu Fehlreaktion auf die Fragen. Aus diesen Strategien entwickeln sich Antworttendenzen, die die Befragung verfälschen. Einiger dieser Fehlerquellen werden im Folgenden näher erwähnt. Ein Interviewer muss immer die Idividualität des Befragten beachten. Diese führt dazu, dass sie die Frage auf unterschiedliche weise interpretieren könnten. Bei Fragen was die Vergangenheit der Befragten angeht, können sowohl Gedächtnis- als auch Erinnerungsfehler auftreten. Des Weiteren könnte eine Tendenz zum Lügen oder Raten entstehen. Ein Proband könnte außerdem die Antwort wählen, die eine bevorzugte soziale Gruppe wählen würde. Bei der Beantwortung von Fragebögen wird häufig die mittlere, neutrale, oder die Extremkategorie gewählt, was eine Einschätzung der „Wahrheit" schwieriger macht. Bei manchen Befragten kommt es außerdem zu Ja- oder Nein-Tendenzen.[21]

---

[20] Vgl. Bogner, K.; Landrock, U., Antworttendenzen in standartisierten Umfragen
[21] Vgl. Assen, C. von der (2019), Crash-Kurs Psychologie, S. 32 f.

2.3 Reduktion der Verzerrungen

Um die Interviewer gut auf ihre Rolle vorzubereiten, sollten sie zunächst eine Basisschuldung absolvieren. Hierbei werden ihm Inhalte vermittelt wie z. B. Grundkenntnisse der Umfrageforschung, Umgang mit technischen Geräten, Kontaktaufnahme mit der Zielperson, Grundlagen der standardisierten Gesprächsführung und vor allem die Behandlung von Einwänden.[22] Nach der Basisschulung ist der Interviewer bereit für ein studienspezifisches Briefing. Hierbei wird ihm die Zielsetzung und der Hintergrund der Studie verständlich gemacht, so dass er sie selbst beschreiben kann. Außerdem geht man hierbei auf die Zielpersonenauswahl, den Fragebogen und besondere Fragen ein. Er wird dadurch befähigt, die Fragen des Befragten beantworten zu können, ihn zur Teilnahme zu bewegen und seine Kooperation sicher zu stellen.[23] Des Weiteren muss der Interviewer regelmäßig beobachtet und bewertet werden. Dies betrifft vor allen die Bereiche, Gestaltung des Intervieweinstiegs, Einwandbehandlung, Einhaltung von Regeln, Umgang mit offenen Fragen, Exaktheit der Dateneingabe, administrative Aufgaben sowie das Ausfüllen von Kontaktprotokollen. Um diese Kontrolle zu gewährleisten wird der Befragte im Nachhinein telefonisch oder postalisch über das Interview befragt.[24]

3 Die qualitative Inhaltsanalyse

Vor über 30 Jahren wurde ein immenses Forschungsprojekt zur Untersuchung von psychosozialen Folgen von Arbeitslosigkeit durchgeführt. Diese ca. 600 Interviews hatten einen so großen Umfang, dass eine neue Auswertungsmethode entwickelt werden musste. Die qualitative Inhaltsanalyse wurde entwickelt, um große Datenmengen zu verarbeiten, sie wurde jedoch zunächst als rein quantitative Analysetechnik angewand.[25] Die quantitative Inhaltsanalyse nach Mayring inkludiert acht verschiedene Techniken. Es geht dabei um Zusammenfassung, induktive Kategorienbildung, enge Kontextanalyse, weite Kontextanalyse, formale-, inhaltliche-, typisierende- und die skalierende Strukturierung. Dabei ist die qualitative Inhaltsanalyse am Text selbst interessiert, und

---

[22] Vgl. Baur, N.; Blasius, J. (2014), Handbuch Methoden der empirischen Sozialforschung, 318.
[23] Vgl. ebenda, S. 319.
[24] Vgl. ebenda.
[25] Vgl. Mayring, P. (2020), Qualitative Inhaltsanalyse, S. 496.

zwar in seiner vollen Gesamtheit. [26] Im Folgenden wird sowohl die inhaltlich-strukturierte sowie die evaluative qualitative Inhaltsanalyse näher erläutert.

3.1 Ablauf einer inhaltlich-strukturierenden qualitativen Inhaltsanalyse

In der inhaltlich strukturierenden qualitativen Inhaltsanalyse geht es im Besonderen um die Kategorienbildung. Dabei werden Erkenntnisse zur deduktiven, induktiven und gemischten Kategorienbildung genutzt. [27] Die inhaltlich strukturierenden qualitativen Inhaltsanalyse verläuft in sieben Phasen, die im Weiteren nun näher erläutert werden soll. Zum besseren Verständnis werden Sie anhand des Schaubilds Abb. 1 erläutert.

Phase 1: Initiierende Textarbeit, Markieren wichtiger Textstellen, Schreiben von Memos und erste Fallzusammenfassung
Zunächst wird in Phase Eins des Ablaufes eine initiierende Textarbeit durchgeführt. Dazu wird der gesamte Text durchgearbeitet und die wichtigen Stellen markiert und mit Anmerkungen und Hinweisen versehen. Auch Memos mit Auswirkungsideen werden am Rand notiert. Der erste Schritt endet dann mit einer kurzen Fallzusammenstellung. [28]

Phase 2: Entwickeln von thematischen Hauptkategorien
Im nächsten Teil werden sogenannte Hauptkategorien deduktiv aus dem theoretischen Bezugsrahmen sowie der Forschungsfrage abgeleitet. Diese werden im folgenden dann den Kategorien und Subkategorien zugeordnet. Hierbei werden die Memos und Randbemerkungen des ersten Teils durch Besonderheiten und Auffälligkeiten erweitert. Des Weiteren wird dann ein Testlauf empfohlen, der mit bis zu 25% des Auswertungsmaterials durchgeführt wird. Hierdurch soll sichergestellt werden, dass die definierten Themen und Subthemen auf das gesamte Material anwendbar sind. [29]

---

[26] Vgl. Ornau, F. (2015), Die Inhaltsanalyse, S. 33.
[27] Vgl. ebenda, S. 35.
[28] Vgl. Kuckartz, U. (2016), Qualitative Inhaltsanalyse, S. 100 ff.
[29] Vgl. Kuckartz, U. (2016), Qualitative Inhaltsanalyse, S. 100 ff.

Abbildung 1: Die Phasen einer inhaltlich strukturierenden Inhaltsanalyse
(Quelle: Eigene Darstellung, in Anlehnung an Kuckartz (2016), S.100)

Phase 3: Erster Codierprozess: Codieren des gesamten Materials mit den Hauptkategorien

Innerhalb der dritten Phase wird dann das gesamte Forschungsmaterial anhand der Hauptkategorien codiert. Dafür ist eine weitere komplette Durcharbeitung des Materials notwendig, um den Text den Kategorien zuzuordnen. Dabei treten auch Textstellen auf, die nicht weitere relevant sind. Diese müssen nicht weiter beachtet werden. [30]

Phase 4: Zusammenstellung aller mit der gleichen Hauptkategorie codierten Textstellen

---

[30] Vgl. Kuckartz, U. (2016), Qualitative Inhaltsanalyse, S. 100 ff.

In der vierten Phase werden alle identischen Hauptkategorien zusammengestellt, um daraus ihre Subkategorien zu generieren. [31]

Phase 5: Induktives Bestimmen von Subkategorien am Material

Innerhalb des fünften Arbeitsschrittes werden die allgemein gehaltenen Hauptkategorien induktiv ausdifferenziert, um dadurch weitere Subkategorien zu bilden. Dafür werden diese Hauptkategorien in einer Tabelle zusammengestellt und geordnet. Sinn der Sache ist es durch diese Tabelle Definitionen für Subkategorien zu erstellen und mit Beispielen zu versehen. [32]

Phase 6: Zweiter Codierprozess: Codieren des kompletten Materials mit dem ausdifferenzierten Kategoriensystem

In Schritt sechs wird das Material erneut codiert, wobei die Hauptkategorien nun mit den Unterkategorien verknüpft werden. Dabei sollte darauf geachtet werden, dass nicht zu viele oder zu wenig Subkategorien gebildet werden. [33]

Phase 7: Kategorienbasierte Auswertung und Ergebnisdarstellung

Ist man nun bei Phase sieben angekommen geht es um eine kategorienbasierte Auswertung und Ergebnisdarstellung. Hierbei werden die Daten so aufgearbeitet, dass die Ergebnisse einfach zu erkennen sind. [34]

3.2 Ablauf einer evaluativen qualitativen Inhaltsanalyse

Innerhalb der evaluative qualitative Inhaltsanalyse geht es um Einschätzung, Klassifizierung und Bewertung von Inhalten, anhand der gebildeteten Kategorien. Skaliert werden können die Daten anhand von metrisch skalierten, ordinalskalierten oder norminalskaliert Kategorien. Durch eine erfolgreiche Klassifizierung ist es dann möglich Vermutungen über Zusammenhänge zu untersuchen. [35] Der Ablauf wird anhand der Abbildung 2 näher erläutert.

---

[31] Vgl. Kuckartz, U. (2016), Qualitative Inhaltsanalyse, S. 100 ff.
[32] Vgl. Kuckartz, U. (2016), Qualitative Inhaltsanalyse, S. 100 ff.
[33] Vgl. Kuckartz, U. (2016), Qualitative Inhaltsanalyse, S. 100 ff.
[34] Vgl. Kuckartz, U. (2016), Qualitative Inhaltsanalyse, S. 100 ff.
[35] Vgl. Ornau, F. (2015), Die Inhaltsanalyse, S. 47.

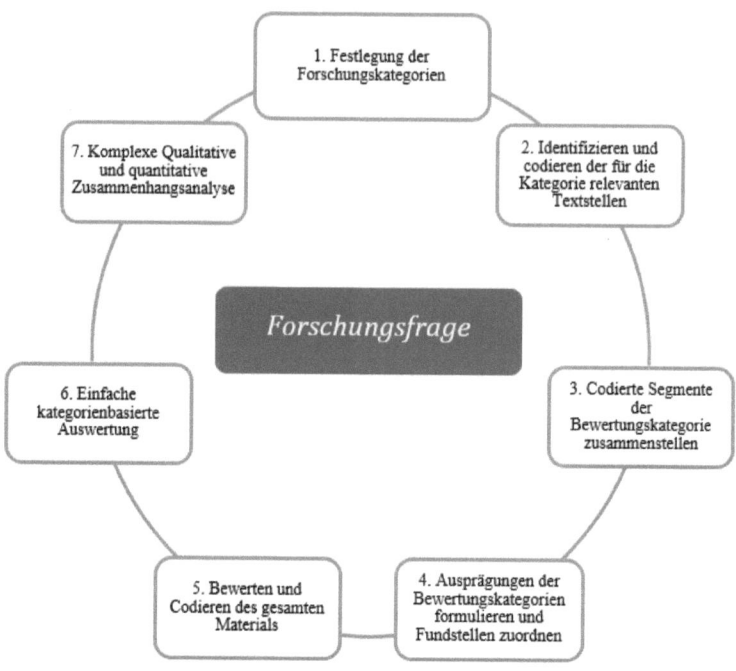

*Abbildung 2: Die Phasen einer evaluativ qualitativen Inhaltsanalyse
(Quelle: Eigene Darstellung, in Anlehnung an Kuckartz (2016), S125)*

Bei der evaluativen qualitativen Inhaltsanalyse gibt es einige Zusammenhänge zur inhaltlich strukturierende qualitative Inhaltsanalyse. Die Hauptphasen umfassen in beiden Fällen die Textarbeit, die Kategorienbildung, die Codierung, die Analyse und die Ergebnisdarstellung. Der Unterschied liegt vor allem in den Phasen nach der Kategorienbildung. Werden mehrere Bewertungskategorien genutzt, so ist für jede die Phasen 2 - 5 einzelnd notwendig.[36]

Phase 1: Festlegen der Bewertungskategorien

Zunächst werden in der ersten Phase die Bewertungskategorien im Zusammenhang mit den Forschungsfragen festgelegt. Hierbei ist es wichtig, dass die Bewertungskategorien

---

[36] Vgl. ebenda, S. 48.

eine immense Bedeutung für die Forschungsfragen haben. Dabei sollte man offen sein für neue Bewertungskategorien, da diese im Verlauf der Arbeit auftreten können und gegebenenfalls hinzugefügt werden sollten. Die Bewertungskategorien sollten aufgrund ihres hohen Aufwandes in einer großen Bedeutung zu den Forschungsfragen stehen.[37]

Phase 2: Identifizieren und Codieren der für die Bewertungskategorien relevanten Textstellen

In der zweiten Phase müssen alle Materialien sorgsam durchgearbeitet werden. Dabei sind Textstellen, die im Zusammenhang mit Bewertungskategorien stehen zu codieren.

Phase 3: Die Fundstellen für jede Bewertungskategorie fallbezogen zusammenstellen

Innerhalb der dritten Phase werden alle codierten Textstellen anhand ihrer Bewertungskategorien in einer Tabelle zusammengefasst. Anhand dieser Tabelle können die nächsten Phasen erarbeitet werden.[38]

Phase 4: Ausprägungen der Bewertungskategorien formulieren und Fundstellen probeweise zuordnen

Innerhalb der vierten Phase ist es nun notwendig die Ausprägungen der Bewertungskategorie zu formulieren. Diese bauen auf den vorher erarbeiteten Textstellen auf. Dabei wird entschieden, wie differenziert die Unterscheidungen erfolgt, wobei hier ein Minimum von drei Unterscheidungen notwendig ist. Es muss daher mindestens eine hohe, eine geringe und eine nicht zu klassifizierende Ausprägung vorhanden sein.[39]

Phase 5: Bewerten und Codieren des gesamten Materials

Innerhalb der fünften Phase ist das gesamte Material anhand der Kategorien zu codieren und zu bewerten. Hierbei sollte darauf geachtete werden, dass gute Beispiele für die Ausprägung gekennzeichnet werden sollten, um diese möglicherweise als Ankerbeispiele für die Definition der Kategorie verwenden zu können. Auch eine Präzisierung der Ausprägung wird dadurch notwendig. Jedoch sollte man immer darauf bedacht sein, dass

---

[37] Vgl. Kuckartz, U. (2016), Qualitative Inhaltsanalyse, S. 126.
[38] Vgl. Ornau, F. (2015), Die Inhaltsanalyse, 49 - 50.
[39] Vgl. Kuckartz, U. (2016), Qualitative Inhaltsanalyse, S. 127.

es dadurch möglicherweise notwendig sein könnte, eine erneute Bewertung und Codierung durchzuführen.[40]

Phase 6: Kategorienbasierte Auswertung

Innerhalb der sechsten Phase, die der kategorienbasierten Auswertung, werden sieben verschiedene Formen der Auswertung unterschieden. Zu Beginn des Auswertungsprozesses werden die Kategorien gebildet, ein Theoriebezug hergestellt und erläutert wie die Kategorienbildung generiert wurde. Dann werden die Kategorien, ihre Ausprägungen und ihre inhaltliche Bedeutung beschrieben. Im Normalfall wird zunächst eine deskriptive und verbal-interpretative Auswertung erstellt.[41]

Phase 7: Quantifizierende Übersichten und vertiefende Fallinterpretation

In der letzten Phase werden quantifizierende Übersichten und vertiefende Fallinterpretationen erstellt. Hierfür werden unterschiedlich Auswertungsformen relevant. Zunächst können durch Kreuztabellen Zusammenhänge oder auch soziodemographische Merkmale dargestellt werden. Zusammenhänge zwischen Bewertungskategorien oder thematischen Kategorien können durch eine Matrixform dargestellt werden. Möchte man hingegen spezifische Textstellen mit bestimmten Ausprägungen einer bewertenden Kategorie, bezogen auf eine zweite thematische Kategorie darstellen, so empfiehlt sich eine Segmentmatrix.[42]

3.3   Gegenüberstellung beider Analysemethoden

Betrachtet man nun beide Analysen im Resümee wird deutlich, dass die evaluative qualitative Inhaltsanalyse eine stärkere interpretative Ausrichtung hat. Die Klassifizierungen und Bewertungen stellen einen höheren Anspruch an den Codierer. Hierbei kann man auch mit zwei Codierern arbeiten. Die Kategorien sind bei der evaluativen qualitativen Inhaltsanalyse großflächiger angelegt. Das Verfahren eignet sich besonders gut, wenn man themenorientiert arbeitet. Zum Abschluss lässt sich sagen, dass die beiden Analyseformen auch kombiniert werden können. Für einige Aspekte werden dann evaluative Kategorien definiert. Die Vorarbeit die durch die inhaltlich

---

[40] Vgl. Ornau, F. (2015), Die Inhaltsanalyse, S. 54.
[41] Vgl. ebenda.
[42] Vgl. ebenda, S. 55 ff.

strukturierende Codierung geleitstet wurde, kann hierfür genutzt werden.[43] Bei einer themenorientierten Arbeit steht häufig die Einschätzung, Klassifizierung und Bewertung durch den Forscher im Vordergrund. Hierfür eignet sich dann vor allem die evaluativ qualitative Inhaltsanalyse. Möchte man sich primär auf Beschreibungen konzentrieren eignet sich eher die inhaltlich strukturierte Inhaltsanalyse. Hierbei geht es mehr um die Systematisierung, Analyse von Relationen und Ausprägungen der verschiedenen Forschungsaspekte.[44]

---

[43] Vgl. Ornau, F. (2015), Die Inhaltsanalyse, S. 59.
[44] Vgl. Kuckartz, U. (2016), Qualitative Inhaltsanalyse, S. 141 f.

4 Literaturverzeichnis

Assen, C. von der **(Hrsg.)** (2019), Crash-Kurs Psychologie, Springer Berlin Heidelberg.

Baur, N.; Blasius, J. (Hrsg.) (2014), Handbuch Methoden der empirischen Sozialforschung, Handbuch, Springer VS.

Bogner, K.; Landrock, U., Antworttendenzen in standartisierten Umfragen, pdfs.semanticscholar.org, (12.8.2020)

Deckert, R., Über Uns, biova.de, (12.8.2020)

Döring, N.; Bortz, J. (2016), Forschungsmethoden und Evaluation in den Sozial- und Humanwissenschaften, Springer Berlin Heidelberg.

Duden, Reputation, www.duden.de, (11.8.2020)

Eisenegger, M. (2015), Identität, Image und Reputation – Eine kommunikationssoziologische Begriffsarchitektur, in: Fröhlich R.; Szyszka P.; Bentele G. (Hrsg.), Handbuch der Public Relations, Springer Fachmedien Wiesbaden, S. 431–460.

Fleig, J., Was sind Stakeholder und was bedeutet der Stakeholder-Ansatz?, www.business-wissen.de, (12.8.2020)

Fröhlich, R.; Szyszka, P.; Bentele, G. (Hrsg.) (2015), Handbuch der Public Relations, Springer Fachmedien Wiesbaden.

Kuckartz, U. (2016), Qualitative Inhaltsanalyse. Methoden, Praxis, Computerunterstützung, Grundlagentexte Methoden, 3., überarbeitete Auflage, Beltz Juventa.

Lehmann, G. (2004), Das Interview. Erheben von Fakten und Meinungen im Unternehmen, Forum EIPOS, Bd. 6, 2., überarb. Aufl., expert-Verl.

Mayring, P. (2020), Qualitative Inhaltsanalyse, in: Mey G.; Mruck K. (Hrsg.), Handbuch Qualitative Forschung in der Psychologie. Band 2: Designs und Verfahren, 2. Aufl. , Springer Fachmedien Wiesbaden GmbH; Springer, S. 495–511.

Mey, G.; Mruck, K. (Hrsg.) (2020), Handbuch Qualitative Forschung in der Psychologie, Springer Reference Psychologie, Springer Fachmedien Wiesbaden.

Mey, G.; Mruck, K. (Hrsg.) (2020), Handbuch Qualitative Forschung in der Psychologie. Band 2: Designs und Verfahren, 2., erw. u. überarb. Auflage 2020, Springer Fachmedien Wiesbaden GmbH; Springer.

Misoch, S. (2015), Qualitative Interviews, de Gruyter Oldenbourg.

Ornau, F. (2015), Die Inhaltsanalyse. Studienbrief, Riedlingen, SRH Riedlingen (2015).

SpiessConsult, Reputationsmanagment, www.spiessconsult.de, (11.8.2020)

Anhang

Interviewleitfaden zur Erhebung der Unternehmensreputation

Teil 1: Die Begrüßung

Guten Tag Herr/Frau (Nachname) _____

Zunächst möchte ich mich herzlich bei Ihnen für Ihre Zeit und Mühen bedanken. Ich hoffe Sie haben gut hergefunden und hatten eine angenehmen Anfahrt. Vorab möchte ich mir die Zeit nehmen und Ihnen den Grund des heutigen Anlasses näherbringen. Mein Name ist Sascha Heller, ich bin Student an der SRH Fernhochschule Riedlingen und belege das Fach Wirtschaftspsychologie. Für meine Hausarbeit in dem Model „Wissenschaftliches Arbeiten Vertiefung 1" befasse ich mich aktuell mit der Messung der Reputation eines Unternehmens. Bevor wir mit dem Interview starten, möchte ich Ihnen sagen, dass es eine große Hilfe für mich ist, dass ich in unserem Gespräch die Reputation der Firma Biova GmbH ermitteln kann. Ohne unsere Freiwilligen, bei denen Sie einer von zehn sind, wäre dies alles gar nicht möglich.

Das nun folgende Interview wird ca. 45 min in Anspruch nehmen. Ich werde Ihnen dabei verschiedenste offene Fragen stellen. Bei der Beantwortung bitte ich Sie mir alles zu erzählen, was für Sie wichtig und relevant ist. Ist eine Frage unklar, können Sie mich gerne jederzeit darauf ansprechen und ich werde diese Ihnen näher erläutern. Wichtig für Sie ist zu wissen, dass keine Bewertung Ihrer Antworten erfolgt.

Kommen wir nun zum Thema Datenschutz. Natürlich weiß ich, dass man nur ungern Daten von sich weitergibt. Jedoch kann ich Ihnen versichern, dass Ihre Daten vertraulich und anonymisiert behandelt werden. Ich würde unser Gespräch gerne aufzeichnen, und die Ergebnisse schriftlich protokollieren. Dadurch möchte ich erreichen, dass auch wirklich alles was Sie sagen genutzt werden kann. Hierfür habe ich Ihnen eine Einverständniserklärung vorbereitet, welche Sie mir nun kurz unterzeichnen müssten. Bitte bedenken Sie, dass von meiner Seite keinerlei Druck entsteht. Die Beantwortung der Fragen ist freiwillig und somit können Sie das Gespräch jederzeit beenden. Wenn es diesbezüglich keine Fragen mehr gibt, würde ich nun mit dem formalen Teil beginnen.

Teil 2: Die Einverständniserklärung

Hiermit erkläre ich

Vorname   _____

Nachname   _____

Geburtsdatum   _____

mein Einverständnis, dass das mit mir am (Datum) _____ von Herrn Heller geführte Interview auf Tonband aufgezeichnet und im Anschluss niedergeschrieben werden darf. Die Speicherung und Verarbeitung dieser Daten geschieht ausschließlich im Rahmen der Studienarbeit „Wissenschaftliche Arbeiten – Vertiefung 1".

Die Veröffentlich der Forschungsergebnisse findet ausschließlich in anonymisierter Form statt. Personenbezogene Daten werden nicht weitergeleitet und werden nach Beendigung der Verarbeitung vollständig und unwiederbringlich gelöscht.

Über den Schutz meiner Daten wurde ich schriftlich und mündlich belehrt. Mir ist bewusst, dass ich meine Einverständniserklärung jederzeit widerrufen kann.

_____

Ort, Datum, Unterschrift

Teil 3: Fragen zur Person

Name   _____

Vorname   _____

Geschlecht   _____

Geburtsdatum _____

Geburtsort _____

Datum _____

Beginn u. Ende _____

Teil 4: Einführende Fragen

- Wie lange ist Ihnen die Biova GmbH bekannt?
- In welchem Verhältnis stehen Sie zu der Biova GmbH? Sind Sie Kunde, Lieferant oder Mitarbeiter?

Teil 5: Hauptteil

Im folgenden Hauptteil werde ich Sie zunächst über die funktionale, dann über die soziale und zuletzt über die expressive Reputation befragen. Wenn bis hierher keine Fragen mehr bestehen, können wir mit dem Hauptteil beginnen.

Dimension 1: Funktionale Reputation

- Wie würden Sie persönlich sagen, wie gut die Produkt- und Dienstleistungsqualität der Firma Biova GmbH ist?
- Weshalb ist die Biova GmbH ihrer Meinung so erfolgreich auf ihrem Gebiet?
- Wie würden Sie die Managementqualitäten der Biova GmbH beurteilen?
- Was bedeutet Ihnen die Firma Biova ganz allgemein?
- Welche Position nimmt die Firma in Ihrem Marktsegment ein?
- Würden Sie sagen, dass das Unternehmen innovativ ist?

Dimension 2: Soziale Reputation

- Welchen Eindruck haben Sie, inwiefern das Unternehmen sich für Menschenrechte und soziale Standards einsetzt?
- Wie wichtig ist der Firma Biova GmbH die Zufriedenheit der Mitarbeiter?
- Würde Sie sagen, dass das Unternehmen Ressourcenschonend arbeitet?

- Was für eine Eindruck haben Sie, wie das Unternehmen mit dem Thema „Schutz der Umwelt" umgeht.

Dimension 3: Expressive Reputation

- Ist Ihnen die Firma Biova sympathisch?
- Gibt es Aspekte an der Arbeit der Firma Biova die sie besonders faszinieren?
- Ist Ihnen die Unternehmensphilosophie bekannt?
- Können Sie mir die Sie begeisternden Merkmale benennen?

Teil 6: Ende des Interviews

Von meiner Seite aus, bin ich am Ende meiner Fragen angekommen. Nun möchte ich mir ausreichend Zeit nehmen, um Fragen ihrerseits zu beantworten. Gibt es möglicherweise noch Aspekte, die nicht angesprochen wurden? Möchten Sie noch etwas hinzufügen? Falls Sie dies wünschen, bekommen Sie die Ergebnisse der Forschung nach Ende der Auswertung zugesandt. Zuletzt bleibt mir nur noch Sie herzlich zu verabschieden und mich noch einmal für Ihre Zeit zu bedanken. Es war ein sehr angenehmes und offenes Gespräch mit Ihnen. Ich wünsche Ihnen noch einen schönen Tag.